EL PRIN

MW01251999

leones marinos
BEBÉS

KATE RIGGS

CREATIVE EDUCATION • CREATIVE PAPERBACKS

TABLA DE

CONTENIDO

SOY UN CACHORRO DE LEÓN MARINO.

Soy un león marino bebé.

ojo

nariz

aletas pectorales

Al nacer, ya podía ladrar y ver. Reconozco la voz de mi madre de inmediato.

Bebo su leche por seis meses.

1 2 3 4 5 6 **meses**

Hay **muchos** leones marinos en nuestra colonia.

Pero mi madre
siempre me encuentra
cuando ladro.
También reconoce
mi olor.

Me encanta jugar con otros cachorros. Nadamos y buscamos comida juntos.

¡Ahora soy un león marino joven!

HABLA Y ESCUCHA

ARF-A

RF-ARF!

¿Puedes hablar como un cachorro de león marino? Los leones marinos ladran, resoplan, y gruñen. Escucha esos sonidos:

https://www.youtube.com/watch?v=6BezqsYxUrE

¡Ahora es tu turno!

PALABRAS BEBÉS

bigotes: pelos largos que crecen en la cara u hocico de un animal

colonia: un lugar donde los leones marinos se reúnen para tener crías

ÍNDICE

alimento 7, 10

bigotes 5

colonias 8

familia 6, 7, 9

juegos 10

nadar 10

orejas 5

sentidos 6, 9

sonidos 6, 9, 13

PUBLICADO POR CREATIVE EDUCATION Y CREATIVE PAPERBACKS
P.O. Box 227, Mankato, Minnesota 56002
Creative Education y Creative Paperbacks
son marcas editoriales de The Creative Company
www.thecreativecompany.us

COPYRIGHT © 2021 CREATIVE EDUCATION, CREATIVE PAPERBACKS
Todos los derechos internacionales reservados en todos los países. Prohibida la reproducción total o parcial de este libro por cualquier método sin el permiso por escrito de la editorial.

DISEÑO Y PRODUCCIÓN
de Chelsey Luther & Joe Kahnke
Dirección de arte de Rita Marshall
Impreso en China
Traducción de TRAVOD, www.travod.com

FOTOGRAFÍAS de Alamy (agefotostock, Edgar Bullon, Gail Salter, Tierfotoagentur), Getty Images (Kevin Alvey/EyeEm, Volanthevist/Moment Open), Minden Pictures (Tui De Roy), Shutterstock (Bohbeh, Eric Isselee, Gail Salter)

INFORMACIÓN DEL CATÁLOGO DE PUBLICACIONES
de la Biblioteca del Congreso is available under PCN 2019957374.
ISBN 978-1-64026-459-5 (library binding)
ISBN 978-1-62832-994-0 (pbk)

HC 9 8 7 6 5 4 3 2 1
PBK 9 8 7 6 5 4 3 2 1